Oul Licht

OUL LICHT

& Other Ulster-Scots Poems

P̶HILIP R̶OBINSON

Ullans Press

FOR THE ULSTER-SCOTS LANGUAGE SOCIETY

First published by Ullans Press, 2017.

This book has been published with financial assistance from
the Ulster-Scots Academy

ISBN 978-1-905281-30-5

Cover photograph is of Mid Isle, Strangford Lough, Co. Down

Preface

This collection consists partly of a selection of poems from *Alang tha Shore* (Ullans Press, 2005) and *Oul Licht, New Licht* (Ullans Press, 2009), some of which have been revised to a varying extent, and of other poems and pieces such as the song 'A joy that turn't my hairt fae stane' written for *Gran Time Comin*, a CD recorded by the Low Country Boys in 2003, and 'Tha Cross, tha Cruik an tha Croon' selected and adapted from my translations of the metrical psalms for the *Ulster-Scots Psalter* (Ullans Press, 2014). The new collection here describes the fast-disappearing world of my native Ulster-Scots community in county Antrim, and my adoptive one in county Down, in whose language they are written. I have attempted in these poems to pay homage to, but not replicate, several different Ulster-Scots literary traditions; from the rhyming weavers of the 18th century to the still-flourishing craft of creating humorous recitation pieces, and indeed to the contemporary free-verse form pioneered in recent years by James Fenton. But the focus is on my own experience of the religious, cultural and political tensions between the conservative Old Light and radical New Light traditions of Antrim and Down. With the exception of the separate, but related poems 'Oul Licht' and 'New Licht', which I have placed respectively at the beginning and end, the poems are in rough thematic order. Another two poems, 'James Fenton o Belnaloob' and 'Twa heids' deserve special mention, as these poems celebrate the person that has provided the main inspiration and encouragement for the present work.

Philip Robinson, 2017

Contents

CONTENTS

Oul Licht

Sae dairk its lane, tha hoose behin
A soo's pink een, in lamp-licht blin
Wairm reek clims up, coul tin tae fin
Afore new licht.
Yin swutch haes lectric's age brocht in
Wi plestic dicht.

Quhan kists o whussles thunnered strang
Thon Oul Licht crew aye thocht it wrang
An noo is riz tha praise ban's sang
In chorus bricht.
But psalms in pairts haes echas lang
In hantin licht.

Alang tha shore

A hae mind, whun we wur weans
A guid nicht's spoart wus cloddin stanes.
Oor playgrun wus alang tha shore
Wat roaks tae clim an sprachle owre.

Tha batthrie waa, whun tides wur in
Oor changin place afore we swum.
Tha roaks an san whun tides wur oot
Wi wrak an willicks skail'd aboot.

We'd fish fur blockan mang tha wrak
Or coup a bouldèr on its bak.
Thon sudden licht gart hootchin stairt
Or whiles a crubbin's claas wud pairt.

But then we growed intae oor teens
Wi chasin hizzies mair tha scene.
We left tha shore tae hunt inlan
Roon Toon-Haw daunce an chippie van.

An sae tae ast yin oot a date
In pictèr-hoose, boys! bak-raa sate!
Sitch tangl't bakes lake limpets clamp't
Til lumberin twa's tha torchie damp't.

An then afore we knowed tha score
Gaun steadie tuk iz far frae shore;
Tha mair we'd whiles waak han-in-han
Alang some ither streetch o lan.

It's jist in later years, A doot
Whun oul an daen, an niver oot,
Tha thocht o willick-hoakin weans
Wull tak me tae tha shore ma lane.

Alba and Albania

Lake gress, a boady's while, that's a'
Or lake a flure, nae last ava
A flooch o wun an al's awa
As shane as ruz
(James Fenton: 'Thonner an Thon')

Boneybefore's frae whar A'm cum
Ma hamely hairth wi rid breek lum
Nae mine A hae o fechtin drum
Agin tha breesht.
Na, hairts wus lairnt tae saftly thrum
An houl oor wheesht.

Oul-farrant nichts an stane-waa ruins
Freats ma een catched mair nor yince
Luxemburg! Boys! A fistlin newance
In waffs o soon.
Duntit breeshts wi juke-bax boomins
Braw nichts in toon.

Willicks hoaked frae roak an wrak
Marlies, cheesers an fairm-hoose crack
Mair lake *The Waltons* nor a boadie cud tak
But unco shune, hae.
Slonks an dykes lept aye wud brak
Winkle-picker's tae.

Käng an Kintra no lang in thocht
In pews, a King abane wus socht
Elvis an Country recairts bocht
Nae flegs aboot.
Bricht kiltie ban? Na, no owre ocht
Tha heicht, A doot.

Frae keeks syne catched o ithers warls
No yin bit oors, nae pritta farls
But fechtin heidyins, reekin barls
As yins sees iz.
Warl ill divid whar war aye birls
Frae poortith riz.

Wee Fergies in a lang crouse raa
Vintage traictors pit on a dra
Puein wi horses gien iz mair gra
Fur days lang syne.
Kosovo traictors tha yin nicht A sa
Oul-tyme in line.

Ticht wee Serbs, tha peep-o-day clan
Mooslim dissenters, black-moothed an thran
Papish Croatians bigged thair ain lan
Thirteen an Echtie-Nine.
Weemin girnin owre deid guidman
Wrangs aye in mine.

Waas a-tummlin gart turn ilk heid
Weans flittin, in scunners, an brithers deid
Grannie hapt in a barra, alang wi tha breid

Nae catter ava.
Da, stoor tae stoor. Nae succeedin leid?
Haud on tae Allah.

O God o Balkans, by whase han
Is meat gien til sic thrangs o thran?
Thrie warls, thrie leids, in yin wee lan
Thrie gods or Yin?
Wha cud crusade agin whilk ban'
Whun on tha rin?

"Bal'albana's whar A cum fae"
Tha very thing A heerd him say
This ethnic haun o Lairne yin day
(Whar A wus boarn).
Blinnin tha slonks on ilka brae
Hairt o Alban coarn.

A thocht A seen him yinst agane
Thon wee auld man frae bak abane
Hirplin Kosovo braes his lane
Tha gate tae bield.
Hiein frae his hairth an hame
Wi heirskip skailed.

Yit Boneybefore's whar A cum frae
Tha spairk o aa tha thochts A hae
Whun aa bes owre, wha wudnae spae
Micht's aye tha thing.
An hist'rie taks nae tent theday
O a weefla's spring.

Threttie days hath Septemmer

Threttie days haes Septemmer,
Aprile, Juin an Novemmer.

Aa tha rest haes threttie-yin,
Apairt fae Feb'rie, thran an thin.

Thin, fur it's no lang ava,
Echt an twuntie days is aa.

Thran forbye, it leps aboot,
Twuntie nine whun fower yeir's oot.

Aprile

Aprile fool is deid an gan
Tha forenuin, Mairch, aa by.
Tha braird that's lang a-wantin shows
On chins an rigs o rye.

Septemmer

This tha month whun A wus boarn,
An stairtit tae tha schuil.
Wor een wus apen't til tha warl,
Hairtscad, A see it still.

On ma furst day, A waak't tha mile,
Twa steps ahint ma brither.
A niver thocht A'd hae tae gan,
Yin day eftèr anither.

Novemmer moarn

Ayont tha shores o Carrick toon
Alang tha road tae Lairne,
Tha Boney Boys in shoart breeks then
Collogued wi crack an yairn.

Oor banefire oot, tha eshes stoor
As licht as poothert snaa.
We doon on hunkers sut aa roon
Tae wairm Novemmer's blaa.

Blak pointit sticks, tha eshes hoak
Tae fin if ocht yit burns.
Tae coulrife boarn, but wairmer raired
We harn life's breid in turns.

Tha fitba fiel by heirskip keeled
By Halloween lies brandit.
New freats o Mars tae weans we telt
"A rocket thonner landit!"

Uptober's gethert timmer prugh
Tha Rhymers coins an nits,
Lake squibs let aff tha nicht afore
Nocht left but mindit bits.

Tha rocky loanen

A lang while doon
Life's ruch hard pad
Wi chilehuid bate an woundit.
Saft scroag-airch't gate
Tae Aprile dreams
Noo unnèr concrait, droondit.

Tha mairch o man
New biggins planned
Bus staps, an pairks fur motthors.
Fur up thon glen
Whar we play'd then
Tha Cooncil haed nae voters.

Ayont tha knowes

Ayont thonner an thon
Ahint tha halie knowes
A plunnèr through a lan o draims
Tae fin
Whar hairtsome gledness growes.

Abane aa thochts o threaps
Amang tha leevin past
A lan o leevin mem'ries bricht
Oul times
New catched, micht langer last.

Atween tha nicht an day
Awa fae wun an rain
Afore tha weetchil in me growes
An lees
Me coul an haird as stane.

Awa fae wechtie cares
Ayont sitch warldlie hell
Tha hamely lan is haird tae fin
No lake
Tha yin we big oorsel.

Amang tha hairtsome crack
Aroon tha apen hearth
"Ye niver know tha minute, hae"
Quo he
A freen lang deid on earth.

A place A knowed sae weel
A heerd tha hamely tongue
Sitch sichts an soons fae lang ago
Gars me
Hae mine o whut A fun.

Ayont thonner an thon
A cudnae thole it lee
Tha mair thon lan's ahint tha veil
A'll hunt
Fur mair afore A dee.

Hoose o strae

In, oot tha simmer sin,
Tha weefla rinnin wile
Tae Uncle Davie's hye-shade.
"Luk at thon,
Hae!"
Hale cairt-fu's o bales bigged heich.
Hye, or mebbe straa, or *strae*, wus it?
Uncle Davie cud tell ye
He'd a knowed oniehoo
Frae whut he wrocht theyeir
Frae tha coorse taak o tha nighbers
Frae his ain fiels an days
O puein, an plantin,
An cuttin.
He knowed tha seed an breed o thaim aa.

In, oot tha gowden sin,
Tha meeda's roastit gress
Tha coarnfiel's gaithert crap
Tae Uncle Davie's hye-shade.
Tha leevin proof
O iverie fairm,
Growein
Hootchin wi beese, wi gress, wi craps
Wi freens.

14

Iverie clump, thegither, wi tha yin root
Iverie fiel a plantit tribe
O skailt seeds an tap breeds.
Ilka young blade
Pushin fur its ain place
In tha sin
Tae tha Reaper cum.

New bales noo bigged up
In giant steps
Stye
Up heich tae tha heid yins
Aa tha yin size, but, an poodher dry
Square as tha fiels
Lake free-stane blocks, yella breeks
Bigged tha heicht o a hoose
Safe as hooses
Nae big bad wolf cud blaa
Uncle Davie's hoose o strae doon.
Fur him, noo
A secret hidey-hole
A wee hut fur tha makkin
A wairm nest amang Uncle Davie's bales.
Boon tae be.

Davie wus lachin, fur his hoose wus slate't
"Tha yin thaing aboot thaim balers noo –
Tha strae's nae uise fur thatchin"
Tha coarn stacks in tha fiels lang syne
Wus thatch't forbye
Tha heid shaifs

On huts o coarn.
But noo tha strae
Aa push'd an beetle't tae a pulp
In a ticht-boon bale hel thegither wi stranglin twine
Ticht eneuch tae cut tha han
O a weefla no strang eneuch tae lift
A lifeless bale
Harp-strung wi hingman's raip.
Coontless dry banes o hairst, deid
Daen an dustit pushed dead
Square intae a machine.
Nae life noo
Apairt frae whut micht cum an
Mak its hame
Amang tha bales.

In, amang tha bales
Tha weefla stabs a tunnel.
Eneuch o an apenin jist
Fur ticht, draa'd in shoothers
Atween an up near tha tap
His ain wee hidlins hut
Big eneuch
Fur craalin in tae tha dairk
Wairm wame.

Anither warl, deep dairk in tha strae
Deep in his ain heid
Tha thocht o it
Hairt-liftin mystrie
Nae turnin bak, nae lukin bak

Nae licht, nae air
Huntin his past
Draims.
Hairt-stappin, heid turnin
Mooth shut agin tha stoor.

A weel-shewed button catched tha ticht twine.
Hans an elbas trap't forrit
Abane his shoothers
Wairm an ticht an dairk
Nae halie licht nor breath
O wun
Afore him noo.

A dug snorts in
Mair het air roon his anklers
Or a big bad wolf
Sweetin
Or tha deil hissel
Dairkenin tha dorr
Tha trap dorr
O this craalin hell-hole.

Jist twarthie fit awa
Ahint
Tae tha apen air
Whar tha halie spurit blaa's lake tha wun
Whar it wull
Tae cries o danger.
"Loard, Get iz oot!"

Blin panic.
Nae air tae breathe
Nae air fur sweerin, mutterin
Or makkin prayers oot lood,
Nae point oniehoo
Gulderin
Intae this saft queeit moontain o deid
Empie ears.
"There's rats in thonner"
He mindit.
Elbas an airms an airse buckin an flailin
Tha strae
An tha deil in tha bales
Airsein oot
Shovin lake buck mad.

Tae at lang last,
Oot
Free
Bak in tha lan
O tha leevin.
In tae tha apen air
Yinst mair.
Oot, in tha apen air
Dichtin wee bits o strae
Fae boggin claes.
Risin mair stoor tae gar him blaa his neb.
Blak snatters, sair itchy een.
God
Nae lang'r mindit noo Uncle Davie cums up.

"Wud ye quat yer spittin", qu' he, *"whut's wrang"?*
Tha weefla apen't his tremmlin mooth,
"A wud gie oniethin tae get ma heid dunked in wattèr".

Tha weefla's blether wus near his een.
"Tha Meetin Hoose or tha lint hole?"
Davie axt, half coddin.
"Tha dam'll dae richtlie",
Dead serious.
"Ye'r aisie pleased. But mine", qu'he,
"There's rats in thonner".

Davie knowed tha dunkin tha weefla needit
Afore tha Reaper cum.

Tha bus trip

Oor Doyt aye rins a Myst'rie Trip,
Tae Carrick, iverie yeir.
Tha only myst'rie o it is,
Hoo cum it's aye sae dear!

Raven maps o 16&25

Tam Raven wi yer burd's-ee view,
Brave pictèr-maps ye hae iz drew,
O Killylea an Cummer New –
                    nae Cummer Oul.
Fur Hamilton gien Gumrie's crew,
                tha shoother coul.

Whun Jamie furst pit on tha croon,
A Scotchman doon in Lunnon toon.
Tae boags an braes in coontie Doon,
                he turnt his een.
An apent up tha kintrie roon –
              a heirskip gien.

Sixteen hunnèrs, a lang while bak
Frae thoosans taen tha hame-airt traik.
Amang thaim aa dour Corbies blak,
                tae face tha pew.
Wi Jamie's Wurd o God in pack,
              in Inglish new.

But noo tha ootcum o it aa
Twa-leidit signs on ilka raa
Ye micht weel lach, ye Greba craa,
               or gar ye grue.
Tha mair ye flee abane it aa,
             wi wurm's-ee view.

Drumfad

Fae Chapel Isle tha Pilgrim pad
Tae neardest shore alang Drumfad
Tha lang rig taen tae skirt tha bad –
                              Baith fowk an lan.
Tae tha lang moss wus tame't, bedad!
                              An drain't bi han.

Bricht streech o san at Drumfad Bay
Whar monies tha boat frae Whithoarn lay
Betwixt Tha Whuskin's roaks slate-grey
                              An Miller's Isle.
On men wha sail't frae Galloway
                              Tha sin did smile.

Tha road the' taen wus shore tae shore
Tae wun tae Nendrum wus tha chore
Tha lang rig richt throu Carradore
                              An on tae braes,
Whar Rodden Dykes, Movilla or
                              Tae Nendrum gaes.

On Drumfad shore, in Plantin ticht
Whar yinst a forth had owersicht
A Haw noo bigged on thon wee heicht
                              The' caa Woburn.
Turn't intae Borstal Hame tae richt
                              Tha yins still errin.

Miller's Isle

A toon that's no a toonlan,
In Bal'macruise it sits.
Tha mair it haes nae islan,
Millisle is whut it gets.

Tha Mill's awa, lake Borza's,
Nae sliders, pokes, nor coarn.
M'Clatchey's shap fur dullies,
Tha Furst an Last forloarn.

Tha auldest biggin stannin,
Tha Meetin Hoose fur shair.
A T-shape in its plannin,
But trippers gan' nae mair.

Tha toon micht luk throu-ither,
An bi ma sowl ye'r richt.
Nae dauchter taks her mither,
Whun daylicht turns tae nicht.

Doon bye tha shore it's growein,
Ootbye tha Meetin Hoose,
Mair heidstanes A'm allowin,
Fur oul yins noo let loose.

There maun be some attrection,
Fur in yer motthor-car,

Ye cannae miss tha ection,
Nor pairk it onywhar.

But luk behin tha hoardin,
Tae whar tha simmer sin
Bates doon on weans a-spoartin,
Aa roon tha new Lagoon.

Ballyhaskin an Tha Whuskin

Betwixt tha streech o Drumfad Bay
An flets o san at Gannaway
Coastguairds, whiles, wud watch bi day
                    Ower roaks an stoarms,
An then whun aa wus lown wud play
                    At fillin foarms.

Boat-holes hae gien up thair task in
Ruch an roakie Ballyhaskin
Eneuch o pladdies fur tha askin
                    An mair on doon,
Roakie heidlans at Tha Whuskin
                    Gar boats gan' roon.

Tha sannie shore whun tide's gan oot
Tha Whuskin's roaks stan prood an stoot
But sautie wattèrs aye aboot
                    Fur tides jaist drap,
An lea tha deep-sey tang'l root
                    Abane tha tap.

Amang tha roaks, scarts sweemin, babbed
In oot tha creeks wi tides lang scarred
Lake heid o hair that kame had dabbed

Wi bustit tooth,
An clane-shaved roaks wi limpits scabbed
Aroon tha mooth.

Tha strans o roak lake yella-man
Yinst streeched an pu'ed wi Michtie Han
A thoosan blue-stane, slatey bans
That bak-waash drains.
Whar leevin sea meets promised lan
On its bare banes.

Stane pages o creation's buik
Stuid up on en, abane tae luk
Betwixt tha sea an Whuskin's neuk
Blue leevin slates,
In wavey lines frae Scotlann tuk
Tae cleek tha States.

Amy Carmichael o Millisle

Tha Miller's dauchter, at a while –
Amy Carmichael o Millisle.
Boarn echteen an sixtie seven,
Whun nighber Wullie Boyd wus pennin.
Ay, poet Wullie Boyd wus scrievin,
Rhymes in echteen fiftie seiven.
A twalmonth then an mebbe mair,
He'd wrocht amang Carmichael's stoor,
Tae 'Mr. D. C. o Millisle',
Wha run tha mill in 'furst rate style'.
A yeir afore in fiftie sax,
Mester Daivit half up't sticks,
He bocht a fairm jist up tha wye,
Sae poet Wullie wrocht there tae.

Carmichael's mills had lang grun coarn,
A hunner yeir 'fore she wus boarn.
But feyther Dave an uncle Wull,
Fixed on biggin new tha mill.
An sae draa'd stanes fae Templepethrick –
Tha taak o fowks tha lenth o Skethrick.
Bard Wullie Boyd then pit it doon,
Whun echteen an saxtie cum aroon.
An noo we cum tae sixtie-sein,
Carmichael's hoose a gift wus gien –

A dauchter that wud dae mair guid,
Nor aa tha mills o stane an wud.

Her fowks lang bak wur Scotch an ticht,
Coveynanters wrang'd, but in tha richt.
An oot o hist'ries trouble't mirk,
Carmichaels, tha pillers o tha kirk,
The' bigged wi apen han forbye,
A schuil an Meetin Hoose jist bye.
Tha Bellycopelan yin it wus,
Secession wus tha road the' chuse.
But Amy, whun she growed up free,
Abane sitch splits she prove't tae be.
Nae mettèr tha gless tha wundaes had,
Tha pews wud houl baith guid an bad.
It wus tha puir she be'd tae save,
An wrocht at it richt tae her grave.

Wee Amy, she furst saa tha licht,
Whun a puir wumman catched her sicht.
Passin by gan hame frae Meetin,
Yin Sabbath moarn, it fun her greetin.
A weeda-wumman, stairvin coul,
Carryin ower monie sticks tae houl.
Her raggit claes flapp't in tha wun,
An frae this sicht tha Loard she fun.
Tha road tae Asia micht be lang,
Less tha 'cal' be lood an strang.
Tha mair whun Amy got tae twuntie,
Tha thocht o whut she seen thon Sunday,
A flit tae Bilfawst cudnae skail,

Wi shawlies tremmlin in tha hail.
Warl ill divid, it hut her sair,
Why love an walth, shud she hae mair?
Sae aff she sail't fur Indyah
Tae leeve, an gie tha baith awa.

James Fenton o Belnaloob

O aa tha kemp-stanes in tha lan
That's bigged wi monies a carefu han
There's nane can keep oor hist'rie lit
Lake whut tha poet's han haes writ.

Twa Chairlies up ayont Jim's wye
Tha furst o rhymers, A wud say.
An then twa Wulls frae doon tha Airds
Sitch yairns an crack tae lift oor hairts.

A trouble't hairt jist lake ma ain
Aye wads throu sheuchs o scunnèrt pain
Tae fin tha play-gruns o tha past
An wun tae memries while the' last.

Tha threed that binds iz aa lake yin
The Hamely Tongue quhaur we can fin
Lake echas hantin Slaimish fit
Brocht bak tae life in wurds weel pit.

Ye showed we hae tha wurds an wut
Tae mak new poems an pit thaim oot.
Amang iz aa, ye stan apairt
Thonner an Thon, oor common hairt.

Sae James ye wrocht twa pooerfu buiks
A wutness in tha dairkest neuks.
New licht tae aa tha warl ootbye
A leevin tongue wi heid hel high.

Fair faa yer honest, hamely face
Great chieftain o tha Ullans race
Abane thaim aa, iz writin men
There's nane ava can bettèr pen.

Twa heids

Fair heid, norlin pointin,
Michtie heilan shoother
Jundyin tha watter. Juttin
Wi a big J—,
Rid han at airm's lenth
Tae baith sides, thaim an iz
Ulstèr-Scotch, wha hae
Thon shoart dash betwixt tha twa
Tha strang mither-dauchter coard.
Five solemn leagues apairt an near
As monie Coveynants.

Forenenst Tor Heid an aa –
Last stan or brig-heid
Or jist tha key
Tae it aa?
Mullin ower
Fergus an Tha Bruce
Brithers baith
Büll-heidit
Men o Tor.

Ulstèr-Scotch wha hae
Thon wee shoart dash betwixt tha twa.
But noo, is riz

Learin haaks, twustin
Awa abane oor heids.
Huntin tha hyphen
Tae brak tha cleek an grup tha sinnèrt bairn,
Afore tha scaldie growes its ain
Eagle's Wings.

Twustin mair nor tha haaks,
Doon unnèr
Tha Minotaur
Tha büll-heidit monster o state
Catched dairkly in tha licht o Paulin' lettèrs.
Mannysters o tha States
That wud hae tha leal pit oot, an aa
Tha Loard wud own an whut tha hairt
Jist noo, an yit,
Houls dear frae days lang bye.
Dear knows, we'r no fun
Ahint tha waas, an dorrs, an desks
O Bilfawst
Whar jist tha wurd o tha Minotaur
Is writ.

Twa heids,
Yin apiece, at baith ens o tha Hamely Hills.
Lukkin baith roads lake
Janus, wi his twa faces –
Fair Heid, tha Big Yin tae tha noarth.
Ben More, tae Ben Madigan,
Lukkin sooth tha tither – Boney's Neb
Abane tha mooth

O Bilfawst.
Betwixt tha twa, tha yin hairt
Lan o tha hamely
Tongue.

Moontain pass

Tha wye forrit
A fit-sair, heich sprachle
Ower stye blak-hairtit roaks
Coul wat fing'rs
Shoothers crooched
Bent dibble wi tha pains
Nae grup an nae mair püsh.

Apen coul mooth
Lang crack't a-pechin
Frae breesht tae thrapple
Tae dinnlin teeth
Tummlin oot
Wairm cloods o puff-baa steam
An sae half-blin tae aa abane.

"Apen yer een
An tak a luk", qo' He.

Behin, an doon
Tha wye he cum on safter pads
Tae stap an quät tha clim
Tae gan' hame
Tae sangs o weans
An lichter, hairtsome thochts
Faa intae tha dairk o memries.

Ower tha sheddins
Tha blin tap, loast in tha cloods
Nae sicht nor soon o hoo far
Tha ither side
Tha simmer fiels
Or tha lenth o tha line afore him.
Or tae whut it micht be enchor't.

"Apen yer een
An tak a luk", qo' He.

Graipin forrit
Tha raip he pu'ed on yin last while
An wi tha pu, he saa
Tha ither en
A helpin han
Tae dae tha pu'in, whun aa bes daen
Tha nixt life's coard hel ticht.
Tae tha en.

"Apen yer een
An tak a luk", qo' He.

Ballyboley clesses

(OR, LAIRNIN ULSTER-SCOTCH)

Tha mair ye feel ye'r jist a blow-in,
Ye'r no yer lane, doon schuil-hoose loanen.
But whun ye'r lairnin on yer ain,
A buik's nae better nor a stane.

Wi apen ee an tentfu lug,
Ye'll lairn gye shane, a **dog**'s a *dug*.
Tha mair if it's no waash't theday,
He'll aye be scartin at thon flay.

Yin-an-yin's aye twa, A thocht,
In aa tha clesses A hae wrocht.
But wurds an nummers daesnae mix,
Twa wurds, yin soon, boys what a fix!

A **fly**'s a *flee*, a **flea**'s a *flay*,
A cleg's nae geg, nor midgies tae.
A **well**'s a *wal*, a **wall**'s a waa,
Eneuch tae pit yer heid awa.

Shud you be ast, "Whar's this ye'r leevin?"
It's "Whar'r ye stappin?" – fur **leaving**'s *lea'in*.
Lea me alane, A'll stap at hame,
An leeve athoot this spellin game.

Fur wi thaim wurds thegither soondit,
Ye micht weel think ye'r gettin droondit.
But bear tha gree, an win tha croon,
Spell naethin at it – jist write it doon!

Noo, dinnae fash yersel ava,
Wi bletherin wurds writ in a raa.
An mine, afore ye'r scunner't gat,
A wurd's a wurd, – fur aa o that!

Tiresome sermons: 1

Tha mannystèr o Furst Drumneuk
Wus murdèr at tha preachin.
He fun his sermons in a buik,
An read thaim oot at Meetin.

Tha man that writ thaim wus lang deid,
Wi wurds that lang he choakit.
The' wudnae fit in oor man's heid,
But richtlie in his poakit.

Tiresome sermons: 2

A wrocht that haird on Settèrday,
A cud hae slep tae Monday.
Tha mair the' caa it *"Day o Rest"*,
It's Meetin Hoose on Sunday.

A joyed whun tae tha Hoose o God,
Gan' up, they sayed tae me.
Fur oor man's doon wi thrapple bad,
Nae sermon noo there'll be.

Prugh

If A cud sell a biggin plot,
Or win tha fitba pools,
A'd pit it by wi guid intent,
No spen it lake Tam-fools.

Ye'r no supposed tae big up prugh,
It's whut tha guid buik says.
A'd gie a wee bit tae tha kirk;
Tha mair, whut winner daes?

A nice new hoose, a motthor-car,
There's naethin wrang wi that.
It's no masel A'd dae it fur –
Tha femlie's whar it's at.

Fur charity begins at hame,
An A hae wife an wean.
A'll tak iz aa on holiday;
The' cannae gan' thair lane.

A'd no be apt tae gemmle it,
Or dicht a boadie's ee:
If A jist sell't a biggin site,
Or wun tha lotterie.

         * * * *

Ye cudnae credit it ava!
Ma nummer haes cum up.
A'm feert tha nighbers micht fin oot –
A maunnae loss ma grup.

* * * *

A taen masel aff tae tha sin,
Wi twa-three mates o mine.
Tha wife she'd rether stap at hame.
Tha wean? Ach, he'll be fine.

A wud hae gien some tae tha kirk,
But whut d'ye think the'r at?
Anither fool new car-pairk scheme –
A'm damn't A'll pye fur that.

* * * *

Whun A cum hame frae holiday,
Frae sin an simmer wine,
Tha wife had fun a bran new hoose,
But left me houlin mine.

Fur she had no jist fun a hoose –
Anither man forbye.
She sez tha catter's changeit me.
A cannae think for-why.

An upset hoose's a pooerfu coast.
A'll niver hae eneuch.
A'll hae tae dae a wheen mair dales,
An gaither some mair prugh.

Twa brithers

Lang-wundit Tam wus on tha phone,
He kep me on fur 'oors.
Ma dinnther it wus staney-coul,
A tell ye – 'oors an 'oors.
Tha phone bill it cud no be pyed
By yin as poor as me,
Fur aa ma freens gan' on an on,
Sitch taakers dae the' be.
If A had paper lang eneuch,
A'd tell ye in a wurd,
A micht as weel hae strangers caa,
Or buy a taakin burd.
Fur aa tha crack A gets frae thaim,
It's blethers, strecht an true.
An Tam, O Tam, weel he'd be waur
Nor Despirt Dan M'Grew.
A'll gie ye mair, if you hae time,
An tell ye o Tam's wye.
Jist gie's a blaa whun ma line's free –
Alloo at least a day!

       * * * *

Oul bittèr Bab – there's nane sae soor,
He leeves jist tae complain.
He girns aboot his guid wife's fowks,

An mair aboot his ain.
O aa tha yins A cannae thole,
It's thaim that niver smiles,
Or whun the' dae, there's aye a lach
That's mockin, deil-lake whiles.
Whun tae yer face, Bab's nice eneuch,
Sae A gie bak his smirk.
But whun ma bak is turn't he'll taak –
Tha sleekit, twa-faced nyerp!
"Guid moarnin, Bab. It's guid tae see
Yer kinelie face yinst mair."
A wunnèr whut he's eftèr noo?
A doot A'll feel it sair.
A'm gled A'm no that bittèr-soor,
Lake lemons or soor-dook.
A'm gled A'm no lake Bab ava,
Tha thocht o't gars me puke.

         * * * *

Bab haes a skelf in his left ee,
An Tam yin in his richt.
A thocht A'd dae tha dacent thing,
An gie thaim bettèr sicht.

Tae redd tha skelfs oot, A did hoak,
An pu wi micht an main.
But skelfs or ocht A cudnae see,
Fur somethin in ma ain.

Twuster – 1

A michtie wun amang it aa
Whun aa aboot's fu lown
Tha mair tha wun shud birlin blaa
This sooks alang tha groun.

A twustèr is a fearsome sicht
It fins baith guid an bad.
It pues ower waas an dykes bigged ticht
An skails ocht in its pad.

Thair's yins wud say it's far waur got,
Noo that tha globe's mair wairm.
Fur tha hale warl is gan tae pot,
It's iz haes daen tha hairm.

A crookit fing'r frae abane
In coarn an stoor haes writ
Whut lies behin its whorlin brain
There's nane haes catched it yit.

But freats o thunner frae abane,
It's nae mair Ect o God,
Than whun we bate a halpless wean,
An blame it on tha rod.

Twuster – 2

Tha stranger cum wi wurds sae fine
His hairt he sayed wus sair.
Thon help he gien iz seemed richt kine
Wi promises o mair.

He had a hairt o coarn we thocht
A pillar o tha kirk.
A teuch oul life he maun hae wrocht
Tae niver lach nor smirk.

A tryst wus made that he wud be
Tha yin tae houl tha money,
But ithers thocht, jaist wait an see,
Fur whiles he ectit funny.

But then yin day he wus fun oot
Oor bank accoont wus boast.
"Ye sleekit twustèr!" wus tha shout
Frae iz that siller loast.

Twuster – 3

Naethin waste't, hye or strae,
Tha mair left in a tang'l.
A bit o beddin fur a day,
As if pit throu tha mang'l.

But tak a twustèr or thra-heuk,
As whiles thon gadget's caa'd.
Twa weel-skill't men stairt in tha neuk,
Waak bak as hye-raip's draa'd.

Tha raip o hye's as strang as ocht,
Whun ticht an kep frae thinnin.
As guid as onie raip shap-bocht
Bi yins tae toon aye rinnin.

Loast but fun!

Platypus wus fun wi wab-lake fit
Doon-Unnèr, far Oot-Bak.
Tha blaa-ins tuk it fur a deuk,
Tha mair it cudnae quack.

Professors yin an aa cum roon,
Tae hae anither keek.
An papers lang an dour wus writ,
Aboot it's deukie beak.

"A fake, A doot", tha maist wud say,
Until it gien a grunt,
An skailed thaim aa tae fin thair guns,
An shot tha puir wee runt.

Sae keep in mine tha Platypus
Whun oor leid's caa'd a fake.
Fur shud ye dar tae contradict,
The'll dig ye up tha bake.

Whutricks an hurchins

Tha hurchin* rowes ticht in a baa,
Whun ithers cum aboot.
He pits his heid richt up his airse,
His jegs tae apen oot.
Tha big yins up in Stormunt's dykes,
Thair maistly niver seen.
Ye darnae hoak aboot thaim waas,
Unless ye'r coontit freen.

Tha whutrick† is a sleekit beast,
Wha leeves doon in tha grun.
He sweems agin tha watters bricht,
An wi tha watters broon.
Tha mair he's lang, he isnae tal,
He haes nae heicht ava.
But ocht set up he'll slidder by,
Be't dyke or tyle't Haw.

Tha whutrick an tha hurchin baith –
The'r no jist lake thair claes.
Tha yin wud hae yer fing'r aff
Tha tither'll gie ye flays.

---

* hurchin – a hedgehog
† whutrick – a weasel

Tha saft-skin't yin haes staney hairt,
Tha jeggie yin, saft wame.
Sae lake a buik, ye shudnae judge
A tyke by claes or fame.

Tha loast tribe

Forenent Scrabo,
Stan
Tha Kempe Stanes.
A racherie o stanes
Yin o dizzens
Frae tha days o Bronze
An Gowld
Airmbans.
Mairkin heidyins
O airmit bans.

A cairn
Twal muckle stanes
Brocht tae tha wattèr side
Frae aa airts
Wattèrs
Whar yin day
Yinst mair
Loast tribes maun gaither.

Twal stanes
Stannin
Fur twal sins an faithers,
Skailed
In tha days o Ice

An Airn
Fitbans
Tae aa airts
An pairts,
Buttèrlumps
On a wheen o shores.

A heich stannin stane
Stuid its lane
Frae tha days o Stane
Leevin
Wrocht
Tae a fing'r
Wi tha stane-men.

A stannin stane
Pit up
On tha brae heid.
A fing'r tae tha lift,
Tae tha sin
Or tha Sin
Roadin
Oot o a nieve o leevin roak,
Abane.

Frae thon heicht
No jist yin in sicht
Anither on anither.
A stane raa
A line up
Frae tha shore

Frae tha risin sin
Frae tha Aist.
A rodden
Fair forrits
Roadin
Frae tha Dear knows whar
Strecht
Tae tha cairn.

A stan
Wi thon lanesome stane
Leukin forrit
Tae tha bairns.
Tae tha risin sins
O themorra's moarn.
Leukin bak
Tae tha cairns.
Tae mae een
Tae mae shired heid
A strecht line
Athoot en.

A stan
Wi tha mairker stane
No loast
But fun
In tha moarnin
Licht.
No loast,
Mairkin tha heich grun.

At dailigan,
Historie
At peep o day,
Destinie.

Lyin laich in Darkley

Abane twa thoosan deid, an mair,
Whut-fur thair bluid keels grun an flair?
Whiles, blame is pit on civil laws,
An thaim yins wi religious cause.
– Tha answer lies in Darkley.

Tha maist hairtscad is fur wor ain.
Hunnèrs apiece, whun coontin's daen.
But aa it taks is jist tha yin.
A gye close freen, or wife or sin.
– Wha's freens o thaim in Darkley?

Religion, on its heid maun be
Tha trigger-pu'in finger's glee,
Tha lach ahint each "Trick or Trait",
Tha wrangs at brocht aboot sitch hate,
– An sput it oot in Darkley.

If you cud yock tha Man Abane,
An ax him if He cud explain,
Whut dairkness lyes ahint it aa?
He'd tak ye tae a Mission Haw,
– An show ye graves in Darkley.

Abane twa thoosan yeir, or mair,
A lang while bak, but jist as sair,

Religion, langl't wi tha deil,
Tuk Innocence intae a fiel,
– Tae slauchter lake in Darkley.

Sae grave whar bes yer victorie?
Whut price is bocht identitie?
Ye neednae gan' tae foreign lans,
Or leuk it up in buiks or plans,
– Tha answer lies in Darkley.

Thocht polis

Tha Flet-Earth Societie is still gaun strang
The' meet a-Wensdays, gin A'm no wrang.
"Whut ir the' at?" ye micht weel say,
"A thocht thon boys had had thair day".

Professors, Civil Sarvints tae,
Whuniver they thegither play,
The' lach an rage at oor belief,
Tae ocht we say thair lugs is deef.

Tha mair we houl tha warl is roon,
An big eneuch aa tongues tae soon,
An let iz leeve in oor ain wye,
They cannae thole sitch D.I.Y.

Whut ither shape micht thair warl be?
It maun be flet, it's plain tae see.
Fur iv'ry thing haes jist twa sides,
An oor bit's jist whar blethers bides.

Tha Flet-Earth yins is colour-blin,
Aa's blak or white, thair case daes rin.
An sae the' caa'd a big debate,
An booked a haw, shud it rin late.

Tha motion brocht afore tha hoose:
Whut bes a mammal? – Cat or Moose?
But deil a haet o that wus lairnt,
An sae tae bigger beece they turn't.

The' thocht that if debatin kye,
Tha Ulstèr-Scotch wud rise an try
An argy if a coo wus broon,
Sae maun thair ain wee warl be roon.

But no sae daft tae faa fur that,
Tha Ullans crew jist set thair hat,
An haein mine o thair wee game,
Sez, *"Fresian kye – whut colour's thaim?"*

An sae tha Flettie Men gaen bak,
An thocht, *"We'll hae tae say the'r blak"*,
"An whun tha ithers say, 'The'r white',
"We'll up an at thaim on the night".

Tha truth, o coorse, it's plain tae see,
Baith blak an white aa Fresians be.
But tell that tae tha Flet-Earth boys?
Get set fur war, an fear nae noise!

Tha Gaelic Archipelago

A hae mind o tha while
No lang syne.
Dissydents
Dissentèrs
Fae Rooshae
Scrievin buiks in jail.
Scraichin fae tha *Gulag*.
Nae mettèr whut the' daen
Pettròl bombs, cryin names
Sticks an stanes
A cudnae say whut-fur.
Nae mettèr.
The' wur aye thocht big o,
But.

Guid on thaim aa
Billie boys.
Brave boys fae Rooshae
Agin thon Yin-Pairty State.
Thaim's tha Boys
At fears nae Noise
An niver wull,
Lake Nappy Gandhi an wee Annie
Frank
Mairtin Luther

Käng
Billy
Boys – Oh
Boys.

Ye wudnae credit it.
Thran Orthydox
Protéstin Painites
Dissydents on fur tha Richts o Man.
Agin tha Yin-Pairty Pravda
O Thocht-Polis.
Sang, naethin lake tha gates
O oor ain
Wastren democracies
Solidarities
Minorities
Free Press, wi nae lang'ls
Boys, it wus gran
Bein thran
Bak then
Bak thonner.

See iz but
At biggit tha Mither o Parliaments
Wi oor Glorious Revolution
An biggit Americae
Wi oor Hill Billie generation
An biggit Bilfawst
Wi oor Moontain Men inventions
Wi oor Auld Lang Syne
Wi oor Help in Ages Past.

At knowed aa that.
See noo, but
Mither kens best
An Americae forbye
An a Majoritie.
Owrewhelmin.
Nailin up a Bilfawst Guid Friday thing.
Ay.

Sorry – *Yes*.
We'r lairnt we maun aye say *Yes*.
Please!

Whut wye maun we thole
Dissentèrs tha noo –
Minoritie owerwhelmit
Dissydents twuntie-echt percentit.
See iz noo
Thaim owerwhelmin yins
Scrievin
Thair ain democracie

Mair Pairtys nor fowk.
Divid in twa
Greement Pairtys, tha guid guys.
Yin Pairty rule fur *Paice*.
Agin it aa
Tha Dissydents cum
"Dissydent scum,"
Craa it yinst mair,
An agane.

61

Mairchin raas o baddies wi blak hats.
Lang Kesh thaim?
Scrievin
Sic puzhin in oor Papers
Skailin dissent
Lake oul dung on tha Green Paice
Dinosaurs fae *These Islanns*
Tha Gaelic Archipelago
Brave an guid New Warl.
Whut richt hae they
Keepin on sayin *Na*
Nane ava.
A doot.

Psalm 22 (A sang o Daivit anent tha Cross)

1 *Ma God, ma God, Oh why haes thou*
   Forsook me? Oh hoo cum
   Sae far frae giein help, an frae
   Ma cry o sufferin?
2 *Aa throu tha day ma God A caa*
   Yit A'm no heerd by thee;
   An in tha dairkness o tha nicht
   A cannae quait be.

3 But thou's tha halie yin that leeves
   In Israel's hoose o praise.
4 Oor faithers that pit trust in thee
   Seen freedom in thair days.
5 Whan up tae thee they rax'd a cry,
   Deliv'rance they daed see:
   Acause thair trust in thee wus pit,
   Affrontit nane cud be.

6 *But luk at me, a worm or waur,*
   Hel heich in nae man's ee:
   Tha thrang aa hate ma guts, an sae
   Lake durt they aa trait me.

7   *Aa thaim that see me hae a lach;*
      Stick oot thair bottom lip;
  The' nod an shake thair heids at me,
      An jeerin, mak this quip,

8   *"He trustit in tha Man Abane,*
      Tae free him by his pooer:
  Sae noo let God deliver him,
      Gin he wus jist sae sure".

9   *But nane but thee haes frae tha wame*
      Taen care ma hale life's lenth;
  Whan A wus at ma mither's breesht
      Thou gien me hope an strenth.

10   *Sure A wus cast upon thy care,*
      Richt frae tha wame tae noo;
  Richt frae ma mither's belly, Loard,
      Ma God an guide richt throu.

11   *Keep near me noo, fur grief's at han,*
      An nae help's tae tha fore.

12   *Nae ithers gaither roon me noo*
      But Bashan's bulls galore.

13   *Thair mooths they apen wide at me,*
      Luk ower me, heid tae feet,
  Jist lake a lion in it's den
      A-roarin fur it's meat.

14   *Lake wattèr A'm teemed oot; ma banes*
      Aa oot o joint dae pairt:
  Inside ma gut, lake meltin wex,
      Tha sap rins oot ma hairt.

15 *Ma strenth is lake a potsherd dry*
    Ma tongue sticks tae ma jaa.
  Intae tha fearful stoor o daith
    Ye gar me doonward faa.
16 *For dugs hae noo surroondit me*
    On iverie side thair stans
  These wickit men that gaither roon
    That pierce ma feet an hans.

17 *Tae coont ma banes as they stan oot*
    Men luk at me an stare.
18 *Ma claes amang thaim is divid*
    The' cast lots for thair share.
19 Noo hurry, Oh ma strenth, tae help
    Be no far aff ma Loard.
20 Save ma dear sowl frae pooer o dugs
    An spare me frae tha sword.

21 Frae tha devoorin lion's mooth
    Ma life-bluid thou defen.
  Tae save frae stabbin hoarnit beese
    Ma prayer an answer sen.
22 Amang tha body o tha kirk
    A wull declare thy name.
  An tae thaim that brethern be
    Thy praises A'll proclaim.

23 Let thaim that fear tha Loard gie praise
    Gie glorie tae him noo.
  An Jacob's childèr, Israel's seed
    Wi awe afore him boo.

24 God daednae turn awa frae him
      In pain that wus sair tried.
   Nor daed he hide his face frae him
      But heerd him whan he cried.

25 Whan A lift up ma praise tae thee
      Then wull tha hale kirk hear.
   An A wull pay ma vows in fu
      Afore men that thee fear.
26 Tha puir wull eat an hae thair fill
      Thaim that him seek wull gie
   Due praise an honour tae tha Loard.
      Ayewyes thy hairt wull leeve!

27 Aa fowk on irth wull o tha Loard
      Hae mine, frae shore tae shore
   An aa tha Gentile nations turn
      Tae warship an adore.
28 Acause tha kïngdom tae tha Loard
      Belangs tae him alane.
   Lakewyes, amang tha nations kïngs
      He sits an rules abane.

29 Irth's weel-aff eat an warship wull:
      Thaim that tae stoor daith taks
   Wull boo tae him; nane o thaim can
      Thair sowl frae daith escape.
30 A seed an breed that's yit tae cum
      Wull truelie keep his wurd.
   An future genèrations tae
      Wull lairn aboot tha Loard.

31   An they wull cum an wull declare
        Tae fowk that's yit tae be,
    Tha richteousness that is his ain,
        For nane daed this but he.

Psalm 23 (A sang o Daivit anent tha Cruik)

1 *Tha Loard's ma herd, nae wants A'll hae.*
   He lays me doon tae bide
2 *In fiels o gress: he taks me safe,*
   Alang tha wattèr side.
3 *Ma sowl he aye pits richt agane;*
   An gars me aye tae traik
   Alang tha strecht an nerra pad,
   Jist fur his ain name's sake.

4 *Tha mair A waak throu daith's dairk glen,*
   Yit A'll no fear ocht ill:
   For thou art wi me an thy cruik
   An staff, gie comfort still.
5 *My table thou haes kep supply't*
   Ma foes jist stan an stare;
   Ma heid thou daes wi oil anoint,
   An ma cup's rinnin ower.

6 *Guidness an mercie baith for shair*
   Ir gien me tae A dee:
   An hame wi God fur ivermair
   Ma dwallin hoose wull be.

Psalm 24 (A sang o Daivit anent tha Croon)

1   Tha irth untae tha Loard belangs,
        An aa it's riches stored.
    Tha warl an aa that dwells wi'in
        Belangs untae tha Loard.
2   For tha foondations o tha same
        He on tha wattèrs lay.
    An he haes bigged it up tae rise
        Abane tha floods tae stay.

3   Wha is tha man that's fit tae clim
        Up tae tha hïll o God?
    Or wha wi'in his halie place
        His fitsteps wull hae trod?
4   Whase hans ir clean, whase hairt is pure,
        An untae vanitie
    That haesnae liftit up his sowl,
        Nor iver toul a lee.

5   This is tha man that wull be gien
        A blessin frae tha Loard.
    Tha God o his salvation wull
        Him richteousness accoard.

6   This is tha genèration that
      Daes eftèr him inquire.
   They Jacob ir, that seek his face
      Wi thair hale hairts's desire.

7   *Ye gates, lift up your heids abane*
      Ye dorrs that last for aye.
   Be liftit up, for noo tha Kïng
      O glorie maks his wye.
8   *But wha o glorie is tha Kïng?*
      Tha michtie Loard is this,
   E'en that same Loard that great in micht
      An strang in battle is.

9   *Ye gates, lift up yer heids, ye dorrs*
      Dorrs that dae last for aye
   Be liftit up, sae that tha King
      O glorie can mak wye.
10   *But wha is he that is tha Kïng*
      O glorie? Wha is this?
   Tha Loard o hosts, an nane but him
      Tha Kïng o glorie is.

A joy that turn't my hairt fae stane

Yinst A wus blin, an cudnae see
That leevin-weel had langl't me.
But bricht tha day, ma apen't ee
Saa licht an gart me waak wi Thee.
Sitch love A niver thocht tae gain –
A joy that turn't my hairt fae stane.

Whun gaithert cloods as dairk as sin
Cum doon, an troubl't wattèrs rin.
Whun scrabbin thoarns ma claes dae fin
A whisht, an heerd a voice within.
Sitch love A niver thocht tae gain –
A joy that turn't my hairt fae stane.

Anither day, anither nicht,
Anither chance tae dae whut's richt.
A can but dae tha best A micht
Whun thonner lifts tha moarnin licht.
Sitch love A niver thocht tae gain –
A joy that turn't ma hairt fae stane.

O tak my wurd, an bear tha gree,
Fur Jesus cum an liftit me.
His love wus nail't agin a tree;

A scunnèrt luk, tae on day three –
Sitch love A niver thocht tae gain –
A joy that turn't my hairt fae stane.

Tha Unitet Ulsterman

Hae mine o Orr, wha wud hae focht
Tha mair he leeved fur billiehood
Braid Islan fowks he loved owre ocht
Nae mettèr flegs nor anthems prood.

Hae mine o Orr, whase yin-street toon
Gien rise tae monies a yin tha same
Whar doon tha yeirs tha bugle soon
Caa'd sins tae mairch an dee fur hame.

Wi Orr in mine A'll stan ma lane
Agin a warl that's ill divid
Orr's brave wee warl it is ma ain –
Thon hairtsome shore an hamely guid.

Sae if ye be tae Inglan true
Or if oul Airlann's aye yer sang
Or if ye'd ledge ye'r Scotch True Blue
Thaim threeds whun wab't thegither's strang.

Hae mine o Orr's Unitet ban
They loast tha fecht, he wun tha war
A guid Unitet Ulsterman
Raxed up abane thon battle's glar.

Hae mine o Orr, an bear tha gree
Fur blessit thaim in poortith be
An wud ye brak yer lang'ls free
Ye'r gart *aa* men as brithers see.

New Licht

Alang tha road tae unnèrstan
A gleed o licht on Richts o Man
Eneuch tae blin tha rebel hairt
Tae whut tha licht wus at tha stairt.

Naethin is new unnèr tha sin
Barrin tha Wurd that brocht it in
Oul Licht that's lang'lt wi tha laa
New Licht that's set tae coup it aa.

Thon Oul Licht tribe A own in pairt
Then New Licht victries lift ma hairt
An enless sicht, dairk sheddas past
Or turn an see tha licht at last.

Printed in Great Britain
by Amazon